Vielleicht
lässt jemand
Wunder
regnen

Susanne Breit-Keßler | Frank Muchlinsky (Hrsg.)

Vielleicht lässt jemand *Wunder regnen*

Ein hoffnungs-frohes Lesebuch

Vor**wort**

Der Titel unseres Buches ist ein zauberhafter Aufschwung – wie die kleinen, feinen Lesestücke auch. Damit befinden wir uns mitten im Leben, in dem wir die Balance halten zwischen Sorge und Zuversicht, Mut und Leichtsinn, Hoffnung und Verzagen, zwischen Alltag und täglichem Staunen. Aufschwung und Abschwung, mit schönster Orientierung nach vorne, aber auch mal mit einem Sich-fallen-Lassen.

Es geht nach oben – „ja, bestimmt" – und zurück – „nein, niemals". In der Mitte ein zartes „vielleicht". Es könnte doch sein. Denn Wunder, die gibt es. Aufwachen, aufstehen, leben dürfen, manchmal ganz anders als erwartet. Ein Kind, ein Engel, der Freund, die Liebste, Eltern und Großeltern, man selbst: ein glattes Wunder mit Unebenheiten, phantasievoll kreiert.

Wunder? Ja, bitte. Vielleicht regnet es eine warme, herrliche Dusche von beglückenden Lebenserfahrungen, die dem trotzen, was wir oft auch erleben. Und jemand soll sie regnen lassen. Wir können uns da nur den Herrn dieses verrückten Daseins vorstellen, der einen atemberaubenden Ab- und Aufschwung vollführt hat, um uns Lebensmut zu machen. Bis in alle Ewigkeit. Schwingen Sie getrost und vergnügt durch dieses Buch!

SUSANNE BREIT-KESSLER
FRANK MUCHLINSKY

5

Güte

Als ich sie treffe, bin ich überrascht: Die Güte ist eine alte Frau, und ihr Haar ist kraus. Sie sieht ein bisschen aus wie Pippi Langstrumpf. Nur in Alt. Damit habe ich nicht gerechnet. Sie bittet mich in ihr Haus. Die Wände sind durchlässig. Sommerwind fährt durch die Räume. Die Güte ist immer da. Ihre Tür steht offen. „Und wenn dir jemand was nimmt?", frage ich. Doch schon bald merke ich, wie dumm die Frage ist. Was kann man jemandem nehmen, der alles gibt?

Die Güte ist eigensinnig, von Logik will sie nichts wissen. Sie rechnet nicht. Den Kaffee schenkt sie ein bis zum Rand. Die Butter schmiert sie fingerdick. Die Güte verteilt Rosinenstuten. Kein Teller bleibt leer. Sie fragt nicht. Sie hält nichts vor. Manche Worte hat sie vergessen. Recht. Pflicht. Vergeltung.

Gerechtigkeit interessiert sie nicht. Sie schöpft aus dem Vollen. Sie gibt, weil sie hat. Die Güte ist eine Verschwenderin.

Als ich aufbreche, sagt sie: „Nimm mich mit." Ich stutze einen Moment und wundere mich, dass sie fort will, doch sie lächelt mich nachsichtig an. Ob ich denn wirklich glaube, dass eine wie sie an nur einem einzigen Ort wohnt?

Verschwende dich. Lobe jemanden über den grünen Klee. Mach ein Lächeln zu deinem Tagwerk. Gib jemanden frei. Hab den Himmel im Gepäck. Er trägt dich. Gib das Rechnen auf. Ein anderer kennt die Gleichungen. Streue deine Erwartungen in den Wind. Öffne dein Herz. Vielleicht lässt jemand Wunder regnen.

SUSANNE NIEMEYER

7

Du aber, Herr,
wollest deine *Barmherzigkeit*
nicht von mir wenden;
lass deine *Güte und Treue*
allewege mich behüten.

PSALM 40,12

8

Gott **lacht** mit
Der Herr segne dich und behüte dich.

NUM 6,24

Gott behütet dich. Wenn die Angst kommt. Vor dem Fremden. Oder vielleicht doch einfach vor allem. Wenn die Arbeit auf dich prasselt wie Regen. Dann lässt sein Segenshut sie abtropfen. Gott behütet dich. Er geht mit dir. An deiner Seite. Wenn du zu müde bist, um überhaupt aufzustehen. Er legt dir einen wärmenden Mantel um: Schutz vor der Kälte, vor den Sätzen der anderen, Schutz in den Kämpfen am Arbeitsplatz. Gott behütet dich. Er mietet dir einen Wind – West-Südwest, Stärke vier. Damit alle dummen Parolen verklingen, bevor sie hörbar werden; damit alle guten Wünsche fliegen, bis sie ankommen.

Gott lässt sein Angesicht leuchten über dir: Er gibt dir gutes Ansehen. Du musst nicht darum ringen, dass andere dich toll finden. Es wird geschehen. Ohne deinen Kampf. Du lebst unter Gottes wohlwollendem Blick.

Und du bist schön. Gott sieht dich, alle deine Kämpfe. Und was du vermisst, worauf du verzichtest. Gott sieht dich. Und du bist gut angesehen.

Er lässt sein Angesicht leuchten über dir, wenn du im Sturm stehst, wenn der Gegenwind dich fast umweht. Der Gegenwind des Chefs, der es anders sieht. Und der von den Kolleginnen, die plötzlich alle verstummen. Wenn die To-do-Liste von hier bis zur Nordsee reicht. Gott steht mit dir im Sturm. Er hält dich, wenn der Sturm peitscht. Er zaubert ein Lächeln in dein Gesicht, macht dich lebendig. Der Sturm bläst weg, was schwierig ist. Er pustet dich durch. Am Horizont kommt die Sonne. Gott lässt sein Angesicht leuchten über dir.

Gott schenkt Dir seinen Frieden: Mit ihm musst du nicht auf dir selbst bestehen. Gott ist auf der Hut für dich. Du siehst das Zerbrechliche. Du hörst die Sehnsucht hinter den oberflächlichen Sprüchen.

lacht mit

Gott schenkt dir seinen Frieden: Du schickst ihm deine Angst. Wie einen Luftballon lässt du zu ihm steigen, was dir auf dem Herzen liegt. Schickst ihm Sehnsucht und Qual, Panik und Hoffnung. Und Ohnmacht. Sie steigen zu ihm. Er fängt sie auf. Und du wirst leichter.

Gott geht mit. Durch Prüfung und durch Übergangszeit, durch Frühlingsduft und Einsamkeit. Er ist nicht immer spürbar. Aber er ist da, nur eine Bitte weit entfernt. Oder ein Seufzen weit. Oder ein Lachen. Gott geht mit, lacht mit. Und freut sich an den Freudentränen. Und hält das Herz, wenn es vor Angst zittert. Gott ist da – und dein Herz wird friedlich. Gott behütet dich. Das ist ein Segen.

CHRISTINE LUNGERSHAUSEN

Der Herr
denkt an uns
und
segnet uns.

PSALM 115,12

„Brauchst du einen Engel?", fragt der Engel und klingt dabei wie der Typ aus der Sesamstraße, der immer die „A" verkauft. Sofort senke auch ich meine Stimme, denn einen Engel hätte ich gern.

„Wozu brauchst du ihn?", fragt der Engel.

„Weiß nicht", sage ich. *„Kann nicht schaden. Zur Sicherheit."* Mein ganzes Leben habe ich gelernt, dass es auf Sicherheit ankommt. Lebensversicherung, Zahnzusatz- versicherung, Rücktrittsversicherung, Feuerversicherung. Mir würde noch eine ganze Menge mehr einfallen. So ein Engel deckt bestimmt vieles davon ab.

„Vergiss es", sagt er und nimmt seinen Mantel.
„Ich komme wieder, wenn es wirklich brennt."   SUSANNE NIEMEYER

13

*Von
guten Mächten
wunderbar geborgen,
erwarten wir
getrost,
was kommen mag ...*

DIETRICH BONHOEFFER

Müssen Christen immer zuversichtlich sein?

Eine junge Frau fährt Mahlzeiten aus, als Fahrradkurierin. Bei der Einstellung war von viel Trinkgeld die Rede. Tatsächlich geben die Leute wenig. Oft kommt sie abends übermüdet und durchnässt heim in ihre dunkle und feuchte 24-Quadratmeter-Wohnung. Das Essen, das sie ausfährt, kann sie sich selbst nicht leisten. Was andere auf Dauer zermürbt, trägt die junge Frau gelassen. Sie studiert Jura. Noch einige Jahre, dann leistet sie sich ein besseres Zuhause.

„Der Glaube ist eine feste Zuversicht dessen, was man hofft", heißt es in der Bibel (Hebräerbrief 11,1), „und ein Nichtzweifeln an dem, was man nicht sieht." Gemeint ist nicht, dass christlicher Glaube gegen jede Notlage innerlich wappnet. Sondern Glaube ist wie das, was der Jurastudentin das karge Leben erträglich macht: die Aussicht auf etwas Besseres. Ob er wirklich trägt, stellt sich erst in der Not heraus, wenn es drauf ankommt. „Glaube ist Gnade", sagten deshalb die Reformatoren. Und der Theologe Dietrich Bonhoeffer formulierte aus seiner Haft heraus: „Ich glaube, dass Gott uns in jeder Notlage so viel Widerstandskraft geben will, wie wir brauchen. Aber er gibt sie nicht im Voraus, damit wir uns nicht auf uns selbst, sondern auf ihn verlassen."

In jedem Fall ist die Zuversicht, von der die Bibel spricht, keine Realitätsverweigerung. Im Gegenteil. Christen müssen nicht immer zuversichtlich sein. Sie sollen die Welt realistisch und illusionslos sehen, wie die Studentin auch ihre kargen Lebensumstände sehr nüchtern beschreibt. Wie andere Menschen auch müssen Christen lernen, in Konflikten eine eigene Position zu finden und für sie einzustehen. Sie sollen sich nicht nach außen liebevoll und sanftmütig geben, wenn sie in Wirklichkeit mit ihrer Umwelt heillos über Kreuz sind. Sie sollen in der Familie nicht von Frieden säuseln, wenn sich gerade alle miteinander verkrachen. Sie sollen weder die drohende Klimakatastrophe noch die ungerechte Verteilung der Vermögen schönreden.

Glaube und Zuversicht sind Teil einer Haltung, die über Ärger und Streit hinausweist. Sie helfen, eine Perspektive über die verbreitete Wut, über den Hass und die Egozentrik hinaus zu finden. Ob man Glaube und Zuversicht wirklich in sich trägt, zeigt sich, wenn man im Stress des Streits ruhig bleibt und die Verhältnismäßigkeit wahrt. Und wenn die Not einen selbst trifft und man dann nicht verzagt.

Glaube ist Gnade, ein Geschenk. Das schließt ein, dass er sich wecken und kultivieren lässt. Man kann durchaus versuchen, im Glauben zu wachsen – auch wenn man sich immer im Klaren darüber sein muss: Glaube lässt sich weder erarbeiten noch verdienen.

17

Das Christentum hält – wie auch andere Religionen – für solches innere Wachstum eine Reihe von Techniken bereit. Etwa die, dass man sich auf Gott hin ausrichtet, um der Egozentrik zu entkommen. Dass man innere Zwiesprache (auch „Gebet" genannt) hält, um sich selbst zu erforschen. Wer früh zu verzichten lernt, und sei es nur auf Essen während der Fastenzeit, übt sich gleichzeitig darin, materiellen Dingen weniger Bedeutung beizumessen. Man kann sie ohnehin nicht ins Jenseits retten. Wer innere Konflikte frühzeitig bearbeitet und aus Fehlern lernt (früher geschah das mit „Beichte" und „Buße"), den quält nicht späte Reue. Wer im Kleinen vergeben kann, lernt auch irgendwann, im Großen mit erlittenem Unrecht seinen Frieden zu schließen.

Sterbenden helfen Bilder der Ewigkeit, sicher auf die enge Pforte des Todes zuzugehen. Den einen gibt die Vorstellung Zuversicht, dass Ewigkeit die Aufhebung der Zeit sei, reine Gegenwart also, ohne all die Rastlosigkeit und innere Unruhe, die einen treiben. Andere wünschen sich die große Stille des Todes herbei, die endlose Ruhe. Wieder andere finden es tröstlich, wieder in den Kreislauf des Lebens einzugehen. Aber diese Bilder helfen im Ernstfall nur, wenn man sie sich frühzeitig eingeprägt hat. „Ars Moriendi" (Sterbekunst) nannte man im Mittelalter daher das Bemühen um das eigene Seelenheil, solange noch Zeit dazu ist. Dahinter steht der lebenslange Wunsch, zu reifen und erwachsen zu werden – ganz ohne die Garantie, dass das auch gelingt.

BURKHARD WEITZ
LISA RIENERMANN

18

gott küssen

neulich	besuchte ihn
küsste ich gott	im krankenhaus
steckte ihm	schenkte ihm
einige groschen	eine scheibe brot
für ein paar	für seinen
zigaretten zu	knurrenden magen
wischte ihm	lud ihn
die tränen	in mein zimmer ein
aus den augen	auf eine tasse tee

SIEGFRIED ECKERT

Gott ist die Liebe;
und wer in der Liebe bleibt,
der bleibt in Gott
und Gott in ihm.

Wann hört *die Liebe* auf?

Die Liebe hört nie auf. Sie ist der Treibstoff im Tank des Kosmos. Jedenfalls glaube ich das. Ich sehe und spüre es täglich. Es gibt eine Übung dafür: Augen auf und auf das Gute achten. Du wirst überall Spuren der Liebe entdecken. Im Frühstücksbrot in deiner Tasche, wenn dein Vater dir übers Haar fährt. Du kannst die Verliebten im Park sehen. Du kannst sehen, wie ein Kind in die Arme seines Opas flitzt und sich herumwirbeln lässt.

Sogar auf der Flucht oder im Krieg lieben Menschen. Und trotzdem kann die Liebe sich verändern. Scheinbar passiert das immer öfter in Familien. Ja. Am Schweigen geht die Liebe ein. Man kann sie missbrauchen. Man kann sie zerbrechen. Zertreten. Verfolgen. Einsperren. Dann erlischt sie fast. Der letzte Funke aber wird bleiben. Du kannst sie wieder entfachen, wenn die Zeit reif ist. Die Liebe hört niemals auf (Die Bibel).

CHRISTIANE THIEL

21

Kleine Verstecke

Morgens gehe ich mich lüften. Vorbei an den Häusern, hinter den Brennnesseln biege ich ab. Zwischen den Feldern gibt es eine Holunderhecke, dort ist mein Versteck. Die Vögel sind mitteilsam, aber von mir erwarten sie keine Antwort. Sie kennen mich mittlerweile. Am Horizont geht ein Hund spazieren, er hat seinen Menschen dabei. Ich denke über dies und das nach, aber meistens wollen die Gedanken nicht bleiben. Die Sonne scheint, sie machen Urlaub. Ich will es ihnen nicht verbieten, sie sind freier als ich. Darum lasse ich sie ziehen, wenn sie zurückkehren, werden sie mir von ihren Abenteuern erzählen. Ich probiere das Bleiben, es schmeckt nach Giersch. Seine Wurzeln sind kräftig. Das kann ich brauchen.

SUSANNE NIEMEYER

„Siehste!"

„Er nimmt meinen Ärger gar nicht ernst!", sagt Moni.

„Woran merkst du das?", fragt ihre Freundin.

„Weil er mich mit Dackelblick anschaut, dabei grinst, und statt einer Antwort ein blödes Gedicht aufsagt."

„Was für'n Gedicht?"

„Glücklich ist der Pessimist / wenn was schiefgegangen ist. / Ist die Welt auch noch so schlecht, / mein Trost bleibt: Ich hatte recht!"

Monis Freundin versteckt ihr Schmunzeln hinter der Cappuccinotasse, die sie zum Mund hebt. Jetzt hat sie ein Milchschnäuzchen über der Oberlippe: „Na und? Ist doch ironisch gemeint. Sogar selbstironisch."

„Trotzdem. Es nervt halt. Rutschen den Kindern zerbrechliche Gegenstände oder gefüllte Gläser aus den Händen, hat er es ‚ja kommen sehen'. Verbrennen Steaks auf dem Grill, hatte er ‚so was Ähnliches schon befürchtet'. Geht mein Hefekuchen im Backofen nicht auf, kommt ein ‚War ja nicht anders zu erwarten!'. Ist die Stromrechnung mal höher, sagt er ‚Siehste, siehste, siehste!'."

„Und was sagt er, wenn alles gutging?"

siehste, sie[l]

„Hätt' ich nicht gedacht."

Mit einer auffordernden Kopfbewegung winkt Moni den Kellner herbei.

„Zweckpessimismus ist Enttäuschungsprophylaxe", sagt ihre Freundin und angelt nach der Handtasche unterm Tisch.

„Hä?"

„Na ja: Wer immer das Schlimmste befürchtet, kann nie enttäuscht, sondern nur positiv überrascht werden. Deshalb ist er schon mal vorsorglich übellaunig."

„Du meinst ...?", Moni überfliegt den Kassenbon und zieht zwei Geldscheine aus ihrem Portemonnaie,

„... du meinst, seine Befürchtungen sind eine Art Trick siebzehn zur Selbstüberlistung, damit er beruhigt und erleichtert sein kann, wenn was gut gelaufen ist und schön war?"

Ihre Freundin nickt: „Das Blöde ist nur: So ein Zweckpessimist wie dein Mann freut sich weniger über die gute und schöne Sache an sich, sondern er staunt lediglich, dass seine Schwarzmalerei widerlegt wurde. Das ist, entschuldige, nur die halbe Freude und eine ziemlich ichbezogene obendrein."

ste!"

Moni nickt. Der Kellner kassiert und räumt das Geschirr ab.

„Aber bis sich das herausstellt – dass etwas gelungen ist –, verbreitet er vorbeugend miese Stimmung! Das ärgert mich."

Die beiden stehen auf. Moni fingert durch ihre Geldbörse: „Mein Parkschein für die Tiefgarage ..."
Er ist weg. Nirgends. Unauffindbar.
„Hab ich vorhin statt des Kassenbons mein Ausfahrtticket auf dem Tisch liegen lassen?! Oder steckte es zwischen den Scheinen?"
Moni kramt hektisch alle Taschen durch.

Ihre Freundin schüttelt den Kopf: „Das hätte der Kellner gemerkt. Aber weißt du was?" Ein verschmitztes Zwinkern huscht ihr übers Gesicht. „Wir gehen jetzt mal ganz unpessimistisch zum Auto und gucken zuversichtlich, ob du das Parkhauskärtchen beim Reinfahren einfach ..."

Bingo. Auf dem Armaturenbrett! Hell strahlt es durch die spiegelnde Windschutzscheibe. Monis Freundin lacht: „Siehste, siehste, siehste!"

ANDREAS MALESSA

Aber die auf den Herrn harren,
kriegen neue Kraft,
dass sie auffahren mit Flügeln wie Adler,
dass sie laufen und nicht matt werden,
dass sie wandeln
und nicht müde werden.

JESAJA 40,31

Here comes the sun

Es war früh am Morgen, viertel nach sechs, Montag, der 23. März 2020. Am Tag zuvor hatte die Bundesregierung die Kontaktsperre verfügt und den Lockdown des Landes verkündet. Ich war mit unserer Hundedame Ginger für den Morgenspaziergang draußen und merkte: Ich brauche jetzt etwas, das mir inneren Halt gibt.

Da ging die Sonne auf. Das Licht flutete das Land. Wunderschön und unberührt davon, welcher Sturm an Angst gerade in mir wütete. Das Virus, das unsichtbar schleicht, der verhängte Ausnahmezustand drückten mich nieder. Die Sonne zog mich innerlich nach oben. Auch wenn ich nicht schlafen konnte in der Nacht, hier kam die Sonne und ein neuer Tag.

Ich musste an viele Bibelstellen und Gesang-
buchlieder denken, die die Aufwärtskraft
der Sonne beschreiben, bejubeln, besingen.
An diesem Montagmorgen war es für mich
dieser Liedvers:

„Die güldne Sonne voll Freud und
Wonne bringt unsern Grenzen mit
ihrem Glänzen ein herzerquicken-
des, liebliches Licht. Mein Haupt
und Glieder, die lagen darnieder;
aber nun steh ich, bin munter und
fröhlich, schaue den Himmel mit
meinem Gesicht." (EG 449)

Jedes Wort stimmte für mich an diesem
Morgen. Ich fühlte mich an der Grenze.
Die Sonne ließ ihr herzerquickendes Licht
darauf scheinen. Ich hatte darniedergelegen.
Aber! Das Aber war stark. Aber nun steh
ich und schaue den Himmel mit meinem
Gesicht.

Ginger, meine Hundedame, hatte es mittlerweile aufgegeben zu hoffen, wir würden
bald weitergehen. Sie hatte sich ins Gras
gelegt, schaute mich erwartungsvoll an,
während ich mit meinem Smartphone
den Sonnenaufgang aufnahm und diesen
Gesangbuchvers dazu sprach.

Seitdem nehme ich den Sonnenaufgang
jeden Morgen auf und spreche dazu
einen Bibelvers, eine Liedstrophe, ein
Gedicht oder einen Songtext, der mir an
diesem Tag Zuversicht gibt. Das Video
poste ich und schicke es an Freunde.

Ginger und ich, wir sind die Sonnenaufgangsreporter. Wir reportieren, wir bringen anderen den Sonnenaufgang, die sich noch unter der Bettdecke räkeln oder den ersten Kaffee trinken.

Die Sonne gibt mir Zuversicht in der Krise. Sie geht auf, am einen Tag unverhüllt, am anderen noch etwas schüchtern hinter Wolken. Aber da. Und aufsteigend. Das ist für mich Zuversicht. Das, was mich nach oben zieht, was mich aufschauen lässt, was mich aus der Enge der Ängste befreit hinein die Weite des Morgenrots.

Kitschig, könnte man einwenden. Aber Zuversicht ist kein Eiapopeia, das die vorhandenen Probleme ausblendet oder verleugnet. Zuversicht ist die Kraft für alle, die nicht an der Welt verzweifeln, aber auch nicht so tun, als wäre sie heil. Im Wort Zuversicht steckt das Sehen, das Hinschauen. Ich fasse ins Auge, was Anlass zur Sorge gibt. Aber es kommt darauf an, ob ich mich allein auf das Schlechte fixiere. Dann verliere ich aus dem Blick, was mir Mut gibt. Die erste Silbe von Zuversicht erinnert mich daran, dass mir dieser Mut zukommt. Ich kann ihn nicht immer aus mir selbst schöpfen. Aber er stellt sich ein. Er findet sich. Er geht mir auf, wie die Sonne aufgeht.

MARTIN VORLÄNDER

Es gab in meinem Leben viele Katastrophen. Einige davon sind sogar passiert.

Der Engel, der Busfahrerin werden wollte

Eigentlich wollte sie Busfahrerin werden. Weil man da immer unterwegs ist. Das mag sie, unterwegs zu sein. Und Menschen mag sie auch. Als Busfahrerin sollte man Menschen mögen, sonst ärgert man sich bloß über die vielen Fragen. Ob der Bus auch zum Hauptbahnhof fährt. Ob das hier die Linie fünf ist. Wo man am besten aussteigt, wenn man zur Konzerthalle will. Man könnte sich auch über die Omi ärgern, die

eine halbe Stunde braucht, um einzusteigen, oder über die lauten Schülerinnen oder über die Fußballfans, die Türblockierer, die Kekskrümeler, das brüllende Baby. Über Menschen kann man sich immer ärgern. Aber so ist sie nicht. Sie mag Menschen. Und sie stellt es sich schön vor, jeden an sein Ziel zu bringen. Als ob man ein Puzzle zusammensetzt. Den nervösen Mann zu der Frau, die im Ofen ein Käsesoufflé hat. Die Omi zu einem Rendezvous. Den schwitzenden Jugendlichen zu seinem ersten Vorstellungsgespräch. Das vornehm gekleidete Paar in die Oper. Die Japaner zum Fernsehturm. Den Mann mit dem Buch in seine stille Wohnung. Am Abend ist die Welt geordneter. So stellt sie sich den Alltag einer Busfahrerin vor.

Aber dann wurde sie Engel. Es ergab sich so.

„Oh", sagen die Leute, wenn sie das hören, „da haben Sie aber eine große Verantwortung!" Sie wird dann etwas verlegen, weil es ihr unangenehm ist, wenn sie im Vordergrund steht. Dann weiß sie nicht, was sie sagen soll. Sie lächelt schüchtern: „Es geht. Man bringt Leute dorthin, wo sie hin sollen. Eigentlich nichts andueres als Busfahren."

„Und die Flügel?", fragen die Leute, denn sie haben noch nie eine Busfahrerin mit Flügeln gesehen.

„Die habe ich noch nie getragen. Meistens nehme ich das Fahrrad." Dann wenden sich die Leute ab, denn Fahrradfahren können sie selber, dafür brauchen sie keinen Engel.

Ihr macht das nichts. Ohnehin ist sie lieber inkognito unterwegs. Da stören Flügel bloß.

Überhaupt ist das Leben eines Engels unspektakulärer, als man denkt. Sie erhält einen Auftrag. Den füllt sie aus. Dann geht sie wieder. Wie eine Busfahrerin. Die legt ihre Route ja auch nicht selber fest. Oder ein Postbote. Der bringt die Briefe, die andere schreiben. Als Engel ist man eine Dienstleisterin. Sie mag das.

„Aber woran erkennt man Sie denn?", fragen die Leute. „Sie tragen ja nicht mal eine Uniform. Dabei sollten Sie das! Woher soll man denn sonst wissen, dass Sie ein Engel sind?"

Sie lächelt dann bedauernd, denn sie kennt das Dilemma. Einmal klingelte sie an der Tür im sechsten Stock eines Mehrfamilienhauses. Auf der Fußmatte stand „Come back with Pizza". Ein Mann öffnete und sah sie misstrauisch an. Höflich sagte sie: „Guten Tag. Ich bin ein Engel." Der Mann kniff die Augen zusammen: „Kommen Sie von den Zeugen Jehovas?" Sie wusste nicht, wer das ist, aber dem Blick des Mannes nach zu urteilen, waren sie nicht beliebt. „Nein, ich habe eine Botschaft für Sie. Darf ich reinkommen?" „Kann ja jeder sagen. Und dann klauen Sie mein Sparbuch", schnauzte der Mann. „Denken Sie, ich bin doof? Schreiben Sie mir eine E-Mail!" Er knallte die Tür zu. Vielleicht hätte sie Pizza mitbringen sollen.

„Wenn Sie ein Engel sind, dann tun Sie gefälligst was! Retten Sie Leute, verhindern Sie Verkehrsunfälle, Raubüberfälle und Liebeskummer! Sorgen Sie dafür, dass die Welt ein besserer Ort wird!" Solche Sachen hört sie als Engel dauernd. Sie versucht dann zu erklären, dass hier ein Missverständnis vorliegt: Dies ist nicht Aufgabe der Engel, sondern der Menschen.

*

Einmal war sie im Krankenhaus. Leise betrat sie eines der Zimmer. In der Mitte stand ein einzelnes Bett. Ein Mann lag darin. Er sah sehr krank aus. Seine Frau saß auf der Bettkante und sah sie hoffnungsvoll an. „Es gibt doch Wunder, oder?"

Sie fühlte sich unwohl. „Ja", sagte sie zögernd. Und dann leiser: „Aber manchmal sehen sie nicht aus wie Wunder ..."

Ihren Namen nennt sie nicht. Ihr Gesicht vergisst man wieder. Ihr Schritt ist lautlos. Manchmal wollen die Leute mit ihr handeln. Wenn es schlimm wird, schreien sie und schimpfen. Aber sie kann nichts ändern. Sie kann nur da sein. Das aber kann sie gut.

*

Es dämmert bereits. Ihr macht die Dunkelheit nichts aus. Wo sie ist, ist es hell. Aber das Mädchen ist so klein, und es wirkt verloren inmitten der finsteren Bäume. Als es sie entdeckt, fragt es: „Musst du nicht nach Hause? Es wird schon dunkel."

Sie schüttelt den Kopf. „Ich muss doch aufpassen."

„Auf wen?"

„Auf alle."

Das Mädchen schaut sie neugierig an. Es hält etwas im Arm. Es ist ein Schaf. Es fragt: „Und wer passt auf dich auf?" „Das müssen alle anderen tun."

„Engel", sagen die Leute, „so ein schöner Beruf. Und so sinnvoll. Sind Sie ein Schutzengel?" Die mögen die Leute am liebsten. Sie denken, dann sind sie in Sicherheit. Aber Sicherheit hat sie nicht. Manchmal bedauert sie das. Sie hat nichts in der Hand. Sie ist da. Selbst da, wo man sie nicht erwartet.

SUSANNE NIEMEYER

Gott hat seinen Engeln befohlen, dass sie dich behüten auf allen deinen Wegen, dass sie dich auf den Händen tragen und du deinen Fuß nicht an einen Stein stößt.

PSALM 91,11–12

können

alleskönnergott
aber nicht
allesmachergott

wir können
mit raketen zum mond fliegen
sterbenden die hand halten
die nabelschnur durchschneiden
gebrochene beine in gips legen
die saat aufs feld bringen
und anschließend die ernte
einfahren

wir können nicht
eigenhändig fliegen
ewig leben
schöpfer sein
brüche heilen
gutes wetter machen

alleskönner sind wir
nichtskönner sind wir
dafür können wir nichts

außer dich
für alles nichtkönnen
um erbarmen zu bitten
und all unser können
demütig
unter deine gebote
zu stellen

SIEGFRIED ECKERT

» *Im Laufe meines Lebens sind mir folgende zwei Dinge klar geworden: Es gibt einen Gott – und ich bin es nicht.* «

MICHAEL, *Erfurt*

Steh auf und geh!

Später würden sie sagen, er sei umhergesprungen. Von einem Moment auf den anderen. Hätte die Krücken in die Luft geworfen, seine Beine in die Hand genommen und Gott gepriesen wie ein Verrückter. Später würden sie tolle Geschichten erzählen. Er aber hatte sich geschworen, dass er dazu nichts mehr sagen würde. Dass er nichts richtigstellen oder dementieren, sondern sich verabschieden würde aus dieser Geschichte, die sich aufplusterte wie eine schnatternde Möwe am großen Meer.

Was er aber tat: Er nahm sein Leben in die Hand. Er selbst. Eine zweite Geburt. Jetzt zeichnet er. Jeden Tag. In einem Garten. Es hat gedauert, aber seine Bilder verkaufen sich. Es sind keine schnatternden Bilder. Es sind stille Bilder. Träume am laufenden Band.

MATTHIAS LEMME

Der Herr

Der Herr segne dich.
Er erfülle deine Füße mit Tanz
und deine Arme mit Kraft.
Er erfülle dein Herz mit Zärtlichkeit
und deine Augen mit Lachen.
Er erfülle deine Ohren mit Musik
und deine Nase mit Wohlgerüchen.
Er erfülle deinen Mund mit Jubel
und dein Herz mit Freude.
Er gebe uns allen immer neu die Kraft,
der Hoffnung ein Gesicht zu geben.

segne dich

AUS ÄGYPTEN

39

Sing, bet und geh

Sing, bet und geh auf Gottes Wegen, /
verricht das Deine nur getreu /
und trau des Himmels reichem Segen, /
so wird er bei dir werden neu. /
Denn welcher seine Zuversicht /
auf Gott setzt, den verlässt er nicht.

GEORG NEUMARK

Sonntagsgedanken

Nichts erreicht. Alles richtig gemacht.

Ich kann sehr gut auf weißes Papier starren. Bestimmt wollte ich über irgendwas nachdenken, ich nehme an, ich habe sogar damit angefangen, aber dann haben meine Gedanken eine Abzweigung genommen, unbemerkt sind sie hinter einem Komma verschwunden und erst 20 Minuten später fällt mir auf: wo sind sie hin? Es nützt nichts, sie zu suchen, meistens haben sie sich längst in Wohlgefallen aufgelöst. Wenn etwas Verlorenes Wohlgefallen hinterlässt, ist das doch eigentlich sehr schön und gar nicht schlimm. Ich denke über Wohlgefallen nach, Kirschblüten und dieser südsee-blaue Himmel, in dem man versinken kann ... was wollte ich sagen?

Absichtsloses Sein. Ich glaube, das war mein Thema.

SUSANNE NIEMEYER

Langsamer Walzer

Der Alte tanzt durch die Wohnung. Langsamer Walzer. Mit ausladenden Schritten und einem Lächeln auf den Lippen. Im Dreivierteltakt geht es durch die Küche. Dann durch die Diele ins Wohnzimmer. Hier ist richtig Platz. Wichtig beim langsamen Walzer ist der Schwung. Und den hat er raus. Elegant. Gelernt ist eben gelernt.

Heute Morgen noch war er mit schwerem Herzen aufgewacht. Konnte die Augen kaum aufschlagen. Heute ist der Geburtstag seiner Frau. Der erste Geburtstag ohne sie. Anfang des Jahres war sie verstorben. Nach achtundsechzig Ehejahren. Vor fast siebzig Jahren hatte er sie beim Tanz kennengelernt. Seitdem hatten sie miteinander getanzt: im Tanzverein, auf Geburtstagen und einmal sogar auf der Bühne im Theater.

Sie haben getanzt bis zuletzt. Sogar als seine Frau schon im Rollstuhl gesessen hat. Da legte er noch einmal die alte Schallplatte auf, die sie so gern mochte. Langsamer Walzer. Das war ihr Lied. Noch einmal nahm er sie bei der Hand und drehte sie mit ihrem Rollstuhl im Wohnzimmer. Da hatte sie noch einmal ein Lächeln auf den Lippen.

Ganz anders heute Morgen. Mit schwerem Herzen war er aufgewacht. Wie sollte das heute nur werden? Wie ein unbezwingbarer Berg lag der Tag nun vor ihm. Unmöglich. Keine Kraft in den müden Gliedern. Immer wieder hatte er sich nach dem Tod seiner Frau gefragt: „Wie lange noch, Gott, wie lange noch?" Heute Morgen hatte er seit Langem einmal wieder zu Gott gebetet. Hatte ihm seine ganze Hilflosigkeit an diesem Tag hingehalten. So viele Erinnerungen. Das Herz so schwer. Über der Klage war er noch einmal eingeschlafen.

Jetzt schlug er die Augen wieder auf. Mühsam drehte er das Radio an. Er kann seinen Ohren kaum trauen. Im Radio spielen sie ihr Lied. Langsamer Walzer. Jetzt wird ihm das Herz ganz leicht. Noch im Schlafanzug fängt er an zu tanzen. Die karierten Hausschuhe bleiben heute stehen. Über die Diele geht's in Wohnzimmer. Hier fällt sein Blick auf den alten Rollstuhl seiner Frau. Von dem konnte er sich bis zuletzt nicht trennen. Gut so, denkt er jetzt. Und legt noch einmal los und tanzt mit dem Rollstuhl durchs Zimmer. Als das Lied zu Ende geht, ist ihm das Herz an diesem schweren Tag ganz leicht. Und er hat ein Lächeln auf den Lippen.

RAMÓN SELIGER

43

*Angst ist
der Schwindel
der Freiheit.*

SØREN KIERKEGAARD

» *Perfekt ist das Leben nie, aber es gibt Menschen, die es besonders machen.* «

EINE SCHÜLERIN der Klasse 7a,
Schloss Gaienhofen

Sehnsucht nach besseren Tagen

„Und mich ergreift ein längst entwöhntes Sehnen", schreibt Goethe in seiner „Zueignung". Das gibt es: Ein Sehnen und Wünschen, das (noch) keine Gestalt hat, eine nur leise Ahnung von dem, was man erhofft, regt sich in einem. Man kann nichts sagen, auch nicht um das vage Ersehnte bitten, weil man es selbst kaum kennt. Nur irgendwo tief innen drin spürt man ein wehmütiges Ziehen, die zuckenden Flügel des künftigen Schmetterlings, die noch im fesselnd-schützenden Kokon gefangen sind. Davon träumen, dass es wieder gute Tage geben wird.

Also stammeln von dem, was einem vorschwebt für das Leben. Ich vertraue einfach mal darauf, dass Gott selbst um ungeahnte Anliegen weiß und sie aufhebt, zu sich erhebt, weil er längst auf unserer Wellenlänge ist. Was mit Gedanken, Gefühlen und Worten geschieht, wie sie sich verwandeln in konkretes, individuelles, höchst eigenes Leben ist offen: Es gibt keinen Automatismus, mit dem einem alle Wünsche von den Augen und den Lippen abgelesen werden. Nichts ist vorhersehbar, machbar. Manches erfüllt sich alltäglich unauffällig, erst schmerzlich bemerkt, wenn es fehlt wie die Gesundheit, wie Luft und Liebe.

Anderes stellt sich überraschend ein: Neue, energische Vitalität, unerwartete Aufgaben, ein Lächeln, das einem überraschend bleibt. Eine Herrlichkeit wird zu unserer Verblüffung an uns offenbar. Normalerweise wird nüchtern kalkuliert und bilanziert. Man fragt nach Effekten und Effizienz. Aber wir sind schon gerettet, auf Hoffnung hin – eine Hoffnung, die sich nicht auf das bezieht, was vor Augen liegt. Und da braucht es halt Geduld. Die lohnt sich. Denn Gott erwählt vor jedem Nutzen, vor jeder Leistung kleine und große Menschen mit Liebe zu ihren gelebten Details – und zwar gleich für alle Ewigkeit. Gute Tage!

„Der Mensch trägt eine Sehnsucht in sich, die ihn um ein Unendliches übersteigt", so der Philosoph Blaise Pascal. Irgendwohin ist seine Sehnsucht, seine Hoffnung immer gerichtet, auf Freiheit, Frieden, auf Liebe, auf Glück, vielleicht auch auf Gott. Sie ist da, diese aussprechliche Sehnsucht, aber sie findet hier auf Erden keine letzte Erfüllung. Sehnsucht und Hoffnung sind geistlicher Motor auf Erden, um in Richtung Ewigkeit voranzukommen – und einen Hauch von Seligkeit uns hier schon um die Nase wehen zu lassen. Es kommen wieder gute Tage ... Wir ahnen, dass unser Leben anders sein könnte, schöner, vielfältiger und glücklicher.

Überall, wo wir heute hinschauen, gibt es Zustände, die nach Veränderung schreien: Angefangen bei verseuchten Gewässern und

Böden bis hin zu misshandelten Tieren. Wie die Kreatur sehnt sich der Mensch nach Erlösung von dem, was ihm Luft zum Atmen nimmt und ihn quält: Krankheit, Schmerzen, die Last unglücklicher Beziehungen, Bedrohung der privaten, beruflichen oder schulischen Existenz. Jeder weiß selbst, wo er Grund zum Seufzen hat. Über die individuelle Ebene hinaus sind noch andere Klagen hörbar. Die über die Toten der Kriege auf unserer Welt, die körperlich und seelisch Verwundeten und Verletzten. Eine Klage, die mitleidet mit all denen, die einen Menschen in militärischen Auseinandersetzungen oder bei Terroranschlägen verloren haben. Leid und Grauen lassen sich nicht abschütteln, ohne gleichzeitig die Flucht vor dem Leben anzutreten. Wer Leiden ver-

drängt oder sich ihrer Wahrnehmung verweigert, dessen Beziehung zur Wirklichkeit wird immer dünner, bruchstückhafter. Schmerzen, Verluste, Tod sind auch im glattesten Lebenslauf, den man sich denken kann, gegeben – je stärker wir die Realität bejahen, desto tiefer werden wir von dem, was im Leben geschieht, berührt. Unser Gott hängt am Kreuz.

Bevor seine Auferstehung unserer Sehnsucht und Hoffnung ein Ziel gibt, bevor der Weg frei ist für neue, gute Tage, lässt dieser Gott sich erniedrigen und zu Tode quälen. Aus dem Glauben an den mitleidenden Gott heraus ist es möglich, Leiden anzunehmen und es zu bekämpfen. Erst wenn ich sehe und spüre, was weh tut, wo etwas im Argen liegt, erst wenn ich es beim Namen nenne, kann ich etwas dagegen unternehmen. Es bleibt „die Sehnsucht, die den Menschen um ein Unendliches übersteigt". Die bösen Tage müssen manchmal einfach miteinander ertragen werden. Kann unsere Hoffnung, unsere Sehnsucht trotzdem siegen?

„Wir müssen vor Hoffnung verrückt sein", hat Wolf Biermann in seinem Willkommenslied für das Kind Marie gedichtet. Wir dürfen in Gottes Namen vor Hoffnung verrückt sein, uns vom Fleck bewegen, uns mit Wein und Brot stärken und uns mit respektvoller Zärtlichkeit und liebevoller Fürsorge verwöhnen. Wir dürfen uns gegen allen Augenschein daran halten, dass uns von Gott eine Zukunft versprochen ist, die mehr ist als alles, was wir selbst schaffen können. Sehen können wir das nicht – aber glauben. Daran glauben, dass mit Tod und Auferstehung Jesu der „erste Stein gelegt, aber der Bau noch nicht vollendet ist" (Martin Luther).

Hoffnung. In die Todesanzeige für Robert Enke, den Torwart, der sich vor Jahren das Leben nahm, hat seine Frau Teresa einen Satz von Václav Havel geschrieben: „Hoffnung ist nicht die Überzeugung, dass etwas gut ausgeht, sondern die Gewissheit, dass etwas Sinn hat, egal wie es ausgeht." Die Frau des Torhüters will zu Recht nicht alles mit dem Suizid ihres Mannes ausgelöscht wissen: die Liebe zwischen den beiden, das gemeinsame Kind, ihrer beider Versuche, Wege aus der Depression von Robert Enke zu finden. Das alles hatte seinen Sinn und es behält diesen Sinn. Es waren gute Tage.

Hoffnung ist nicht mit einer Welt verbunden, in der einfach alles gut wird. Aber unser Glaube, unsere Liebe und unsere Hoffnung sind größer als alles. Zu sehen und zu erleben ist das wahrlich nicht auf Anhieb – so viele Hoffnungen und Träume verlieren sich. Der Apostel Paulus sagt: „Die Hoffnung aber, die man sieht, ist nicht Hoffnung; denn wie kann man auf das hoffen, was man sieht?" Erfüllung ist etwas anderes als das, was wir gemeinhin für uns wollen. Zum christlichen Glauben gehört eine klare, realistische Selbst- und Weltsicht. Und die Fähigkeit, Träume zu haben und Visionen zu entwerfen.

Es gibt die Erfahrung von herrlichen Zeiten schon hier und jetzt: Die Genesung von Krankheit, an die keiner glauben wollte. Zwei Menschen, die sich jahrelang gemieden haben, stammeln erste, behutsame Sätze. Eine Umarmung, die aus Traurigkeit herausholt und zaghaft lächeln macht. Einer, der sich löst von Orten, an denen er Altes zu Grabe getragen hat, und der den Blick nach vorne wendet. Bittere Erfahrungen, die verarbeitet und in die Lebensgeschichte eingebaut werden. Hoffnung zieht zarte und starke Spuren. Sie lassen nach mehr verlangen. Ich weiß, es kommen wieder gute Tage. Im Alltag und an persönlichen Wunder-Tagen.

SUSANNE BREIT-KESSLER

Gute Tage!

51

Warum ist mein Leben so?

Hat Gott es so für mich bestimmt? – Wie ist es denn?
Wenn das Leben gut ist, dann nimmst du das so hin. Ist es
aber schwer, machst du Gott Vorwürfe: Warum passiert
das jetzt mir? Die Bibel sagt, dass Gott unsere Tage in
ein Buch geschrieben hat. Damit ist vielleicht in erster Linie
die Länge unserer Lebenszeit gemeint, aber es geht auch
um unsere fehlende Kraft, Gut und Böse zu unterscheiden.
Wir irren uns oft. Wir meinen etwas gut und es kommt
doch andersrum an. Das weiß Gott. Gott kennt meinen
wahren Willen. Manche sagen, Gott kennt mich besser als
ich mich selbst. So betrachtet, ist mein Leben von Gott
bestimmt. Oder anders gesagt: Ich vertraue darauf, dass
Gott es immer gut mit mir meint.

CHRISTIANE THIEL

berühre
mich

der herr segne
und berühre dich
er behüte dich
unter seinen engelsflügeln
und halte den himmel
stets für deine heimkehr offen

seine worte mögen
in deine seele einfallen
wie wassertropfen
die erde begießen

unser gott
taufe deine tage und nächte
mit unendlicher güte
er bette deine sorgen
auf rosen

nach durchwachten tränennächten
lasse er deinen schwermut
zu neuer hoffnung erblühen

SIEGFRIED ECKERT

53

Alle Dinge
sind möglich dem,
der da glaubt.

MARKUS 9,23

Ewigkeitssonntag

Dass der Herrgott seine Lina im Mai geholt hatte, darüber ist Arthur wütend, so richtig wütend. Sein Mund ist ein schmaler Strich. Er will nicht mehr reden. Im Mai! Wenn der Flieder blüht und man alles für möglich hält, nur nicht den Tod. Hätte er doch warten können bis November, denkt Arthur. Arthur nimmt dem Herrgott das übel und redet nicht mehr mit ihm. Ziemlich viel Schweigen ist jetzt in Arthurs Leben, weil die Lina nichts mehr sagt und weil er auch kein Skat mehr spielt, freitags im „Alten Krug". Im Wohnzimmer tickt die Uhr, auf einmal hört Arthur sie wieder.

Bis auch sie aufhört zu ticken, weil Arthur sie nicht mehr aufzieht. Dann ist gar nichts mehr zu hören. Nichts, bis auf Arthurs Atem. Und darüber ist Gott erleichtert, sehr erleichtert. Nicht auszudenken, wenn er auch noch den Arthur verlieren würde, wo ihm schon die Lina so fehlt, da unten auf der Erde. Gott seufzt und setzt sich neben Arthur. Zusammen sitzen sie da und zusammen sind sie eine ganze Weile traurig. Bis sie schließlich aufstehen und rausgehen, um zu gucken, was das Leben macht.

SUSANNE NIEMEYER

55

Glück auf Umwegen

Wie ist das mit der Wirkung des Gebets? Ist Gott so eine Art Gebetsautomat? Oben Gebet rein, unten kommt das, was ich mir wünsche, raus? Manche meinen das ja so. Ich glaube das nicht.

Auf den ersten Blick könnte man denken, dass das zumindest bei den Großen der Bibel so geklappt hat. Zum Beispiel bei Abraham und Sara: Die beiden wünschen sich nichts sehnlicher als ein Kind.

Abraham soll ja der Vater eines großen Volkes werden. Inzwischen ist er ziemlich alt und die biologische Uhr hat – zumindest für Sara – längst aufgehört zu ticken. Da kommt dieser seltsame Besuch und behauptet: „In einem Jahr habt ihr ein Kind!" Sara muss lachen. Doch tatsächlich, ein Jahr später ist Isaak geboren.

Hat hier die Gebetserhörung geklappt? Nun ja, ich weiß nicht, ob es im Alter von hundert Jahren noch so lustig ist, Papa zu werden. Kommt ein bisschen spät, Kinderwunsch hin oder her, ich sage nur: der Schlafmangel! Gott erhört unsere Gebete, doch nicht immer zum Zeitpunkt und in der Art und Weise, wie wir es wollen. Oder wie Dietrich Bonhoeffer sagt: „Gott erfüllt nicht alle unsere Wünsche, aber alle seine Verheißungen."

Wir haben oft genaue Vorstellungen vom Leben und vom Glück. Gott soll der Erfüllungsgehilfe unserer persönlichen Wünsche sein. Der Glaube als Schmieröl für ein angenehmes Leben? So funktioniert das nicht, glaube ich.

Wozu dann Gott? Wenn ich auf die Brüche und Wendungen meines Lebens schaue, kann ich nicht sagen: So hätte ich mein Leben gebaut. Aber Gott hat mir immer Wege eröffnet, ja mehr noch: Oft hat er mir gerade im Scheitern von Lebensentwürfen meinen Horizont enorm erweitert. Und Gott ist mitgegangen. Auch die Umwege.

CHRISTIANE BIRGDEN

57

Wir wissen aber,
dass denen,
die Gott lieben,
alle Dinge
zum Besten dienen.

RÖMER 8,28a

darfst

Kritzeln. Gelbe Enten malen. Schönschrift schreiben. Teppichflusen im Sonnenlicht sehen. Dir selbst etwas erzählen. Dich langweilen. Was anderes erzählen. Alle Bleistifte anspitzen. Dann die Buntstifte. Die Tür hinter dir schließen. Über Raufasertapeten meditieren. Einen wütenden Brief an die Espressomaschine verfassen. Neue Buchstaben erfinden. Den Füller suchen. Einen immerwährenden Wunschzettel beginnen. Papier zusammenknüllen. Das Geräusch dabei genießen. Zeit verstreichen lassen. Gedanken bei ihrer Entstehung betrachten. Der Versuchung widerstehen, dir über die Schulter zu gucken. Endlich was anfangen. Endlich nichts anfangen. Alles dazwischen.

SUSANNE NIEMEYER

regenbogen

der herr
segne unsere offenen häuser
ob sie auf sand
oder stein gebaut sind

er behüte
unsere füße
wenn ihnen die richtung fehlt

freundlich leuchte
sein angesicht über uns
denn ohne freundlichkeit
führt kein weg zum anderen

gnädig sei gott
weil ohne gnade
in keinem leben
die sonne aufgeht

in allem schenke der himmlische
uns das zeichen der taube
nach jeder sintflut

ihr friede wehe
über den schlachtfeldern unserer klagen

möge der maler des bunten bundes
jeden tag neu
seinen gnadenbogen
über unser bedürftiges leben
zaubern

SIEGFRIED ECKERT

» *Dem Vergangenen Dank,*
dem Kommenden: **Ja!** «

DAG HAMMARSKJÖLD
(eingesandt von Simon, Stockholm)

Kleine Übung zum Durchhalten an mittelguten Tagen

Ungewöhnliche Zeiten verlangen nach ungewöhnlichen Übungen. Zum Beispiel diesen ...

1. 10 Sachen aufschreiben, die dich nerven. Wirklich nerven.

2. Wähle die Sache aus, die am Schlimmsten ist.

3. Stell dir vor, jemand schreibt dir einen Brief und erklärt, warum gerade diese Sache eigentlich als großartig zu preisen ist, ein Geschenk, das dein Leben bereichern wird.

4. Sei dieser Jemand und schreib diesen Brief.

5. Sei dabei maßlos, übertrieben und verrückt.

6. Den Brief an den Küchenschrank hängen und weitermachen.

SUSANNE NIEMEYER

Mögest du immer einen Blick
für das Sonnenlicht haben,
das sich in deinen Fenstern spiegelt –
und nicht für den Staub,
der auf den Scheiben liegt.

ALTIRISCHER SEGENSWUNSCH

63

Weitergehen, bis alles gut wird

Ohne sie hätte ich nicht so kämpfen können. Als ich vom Fahrrad fiel, mir Hände und Knie blutig schlug. Die Wunden brannten, und ich wusste einfach nicht, wohin in meinem Schmerz. Sie nahm mich in die Arme, drückte und tröstete mich. Hielt meine Tränen aus, bis aus dem Schreien ein Schluchzen und dann ein Wimmern wurde. Es waren nicht Salbe und Pflaster, die mich trösteten und mir den Mut gaben, wieder aufs Fahrrad zu steigen. Nein. Es war das „alles wird gut", das meine Mutter mir ins Ohr flüsterte; wieder und wieder.

Jahre später wechselte ich ans Gymnasium. Für jemanden aus der Zechensiedlung war das etwas Besonderes. Der Klassenlehrer, der die Gruppe von aufgestiegenen Haupt- und Realschülerinnen und -schülern eigentlich ermutigen und fördern sollte, sah das allerdings anders. Unmissverständlich machte er uns klar, dass wir an einer höheren Lehranstalt nichts zu suchen hätten. Meine Mutter, eine Frau, die nicht mal die Volksschule hatte zu Ende bringen dürfen, konnte mir beim Lernen nicht helfen. Aber sie sagte: „Junge, du schaffst das. Alles wird gut."

Alles wird gut. Es war dieser Satz, der mir Kraft gab. Mich weitergehen ließ. Mein Leben lang. Als ich im Beruf kämpfen musste. Als Aufgaben, Termindruck und missgünstige Menschen mir den Job zum täglichen Kriegsschauplatz machten. Als meine

Ehe kaputtging und ich wieder ganz alleine war. Als ich krank wurde. Als ich mich den falschen Menschen anvertraute und diese das ausnutzten.

Ich saß dann nicht mehr bei meiner Mutter, um mich von ihr in die Arme nehmen zu lassen. Das „alles wird gut" flüsterte sie mir schon lange nicht mehr ins Ohr. Aber es war da. Die Worte hatten sich festgesetzt in meinem Herzen. In einem Winkel, wo sie sich lange verborgen hielten. Aber dann kamen sie hervor. Stiegen auf. Und entfalteten ihre Macht. Gegen allen Augenschein. Manchmal gegen jede Vernunft: Alles wird gut. Und ich konnte wieder aufstehen.

Erst als sie starb, fragte ich mich, woher meine Mutter diese Kraft bezogen hatte. Ihr Leben war eine Aneinanderreihung von Enttäuschungen und Niederlagen gewesen. Krieg, Flucht, Gewalt. Vertriebenenschicksal, katastrophale Ehe, schwere Krankheit. Sie hätte mehr als genügend Gründe gehabt zu jammern und zu klagen. Stattdessen hielt sie an diesem Satz fest: Alles wird gut. Ein Mantra. Oder besser: ihr Glaubensbekenntnis als Christin.

Denn das war es. Am Sarg meiner Mutter wurde mir klar: Es war diese Gewissheit, die nichts damit zu tun hatte, wie das Morgen oder Übermorgen aussieht. Ob Geld im Portemonnaie war oder die Welt vielleicht morgen schon Kopf steht. Alles wird gut – am Ende unserer Tage hier wird es das sein. Und diese Hoffnung gibt die Kraft aufzustehen und weiterzumachen.

GERD-MATTHIAS HOEFFCHEN

Denn es sollen wohl Berge
weichen und Hügel hinfallen,
aber meine Gnade soll
nicht von dir weichen,
und der Bund meines Friedens
soll nicht hinfallen,
spricht der HERR, dein Erbarmer.

JESAJA 54,10

Wachsen

Eine Woche Gruppenschweigen im Wald.
Tantra in Südtirol. Oder im Kloster leben wie vor
500 Jahren: beten und arbeiten. Ob es auch eine
Nummer kleiner geht? Zwei Stunden mit mir.
Zwei Stunden nur hier. Hier, auf diesem zeitlos
modernen Klappstuhl, der den Namen Gegenwart
trägt. Ich sitze. Ich gucke. Irgendwann machen
sich meine Gedanken los. Jesus hat seinen Leuten
gesagt: *„Warum sorgt ihr euch um die Kleidung?*
Schaut die Lilien auf dem Feld an, wie sie wachsen:
Sie arbeiten nicht, auch spinnen sie nicht.“
Ich biete mir einen Kaffee an, bedanke mich dafür
und denke irgendwann: Es passiert viel, wenn
nichts passiert. Viel mehr als sonst.

MATTHIAS LEMME

Lohnt sich *Hoffnung?*

Gaaanz ruhig bleiben. Zwei Fehler hat Leon schon gemacht und auf der Stirn seines Fahrlehrers neben ihm vertieft sich gerade eine Sorgenfalte. Den Prüfer auf der Rückbank sieht er nicht, der sitzt im toten Winkel des Innenspiegels.

Blinker setzen, Schulterblick, Außenspiegel checken, Gegenverkehr durchlassen und – los! Zügig schießt Leon über den Zebrastreifen, den die Oma mit den Einkaufstüten just betreten wollte. „Danke, das reicht." Jetzt hört er den Prüfer.

Durchgefallen! Bei der praktischen Fahrprüfung durchgefallen! Tausende Euro im Eimer. „Dann war ja alles umsonst", jammert Leon.

„Nee, umsonst nicht. Aber vergeblich", brummt der Fahrlehrer.

Zu Hause und in seiner Clique ließ sich die Pleite nicht verheimlichen. Leon, Kronzeuge seiner Selbstanklage („Ich könnt' mich ohrfeigen!"), traf auf Zeugen der Anklage („Peinlich wie ein Pups beim Yoga!"), wurde getröstet von Zeuginnen der Verteidigung

ffnung

(„Alle machen Fehler, jeder verdient die zweite Chance.“), hörte höchstrichterliche Plattitüden („Aufstehen, Krönchen richten, weitergehen!“).

Aber Fakt war und blieb nun mal, dass vergebliche Hoffnungen nicht umsonst, sondern teuer sind. Gar nichts zu hoffen und anzustreben aber noch teurer würde. Aus dieser Zwickmühle heraus – und weil er niemanden als sich selbst ohrfeigen konnte – übte Leon ein tiefes Misstrauen als Grundstimmung ein und hielt sich seine skeptischen Selbstzweifel als Realitätssinn zugute. Sympathischer machte ihn das nicht. Nur Sabrina aus der Parallelklasse störte das nicht. Im Gegenteil. Sie lud ihn zu einer Tour nach Avignon ein. Sie hatte schon einen Führerschein und hin und wieder Papas Auto, aber auch eine Fünf in Französisch. Sie parkten in einer Platanenallee voller grünlich kahler Bäume und rotblau leuchtender Halteverbotsschilder. „Was steht

69

Hoffnung

auf dem weißen Zusatzschild darunter?", wollte Leon wissen. „Hoffentlich eine Ausnahmeregelung", lachte sie, schloss den Wagen ab und ging Richtung Café.

Leons Übersetzungs-App war mit dem Juristensprech der französischen Straßenverkehrsordnung überfordert. Kopfschüttelnd trottete er ihr hinterher.

„Stell dir vor, du wärst ein Baum", fing Sabrina an, „was würdest du für die Zukunft erwarten?" Leon zuckte mit den Schultern.

„Im November ist noch nicht zu sehn ...", sie rezitierte mit erhobener Stimme offenbar eine Songzeile, „dass im Frühjahr hier die Bäume blühn, / dass nach Schnee und Eis der Weizen sprießt. / Wer nicht glaubt, wer nicht hoffen kann, / ist kein Realist."

Als sie zum Auto zurückkamen, klemmte kein Knöllchen unterm Scheibenwischer.

ANDREAS MALESSA

» *Vögel singen in einer Welt,*
die krank, lieblos und
ungerecht ist.
Vielleicht haben sie Recht. «

ANDREA SCHWARZ
(eingesandt von Magdalena Müller,
Winnenden)

Tagwerk

Ich habe sieben Erbsen eingepflanzt
einen Käfer aus misslicher Lage befreit
dem Regen gesagt, wie gern ich ihn rieche
Ich habe eine frühe Erdbeere probiert
an einen Freund und zwei Freundinnen gedacht
und Gott gefragt, was er eigentlich
von all dem hier hält –
die Antwort steht noch aus

Während ich warte
wachsen die Erbsen

SUSANNE NIEMEYER

72

Befiehl du deine Wege
und was dein Herze kränkt
der allertreusten Pflege
des, der den Himmel lenkt.
Der Wolken, Luft und Winden
gibt Wege, Lauf und Bahn,
der wird auch Wege finden,
da dein Fuß gehen kann.

PAUL GERHARDT

73

Damit ihr **Hoffnung** habt!

Sometimes I feel like a motherless child", heißt es in einem Gospelsong, „a long way from home". Merkwürdigerweise bedeutet es Seligkeit, den Hunger nach Leben noch zu spüren, die brennende Sehnsucht, nicht mehr mutterseelenallein und weit weg von einem Zuhause zu sein – Hoffnung zu haben, dass Bilder von gelingendem Leben Wirklichkeit werden können. Solcher Hunger und Durst rechnet noch damit, gestillt zu werden. Er hofft auf Gott, der Ursprung und Ziel allen Lebens ist, und ihm immer wieder überraschende, heilvolle Kehrtwendungen geben kann.

Damit ihr Hoffnung habt", ein kluges, lebensnahes Wort aus dem 1. Petrusbrief 1,21. Hoffnung – kein leichtsinniges, dauergrinsendes Tralala, das die wahren Probleme ausblendet oder vertröstet mit dem grundlosen Verweis „wird schon alles gut ...". Hoffnung haben ist auch nicht ein falsch verstandenes Sich-Ergeben in die Umstände, wie sie angeblich sind. Nein! Wir legen die Hände nicht in den Schoß, wir falten sie – das ist ein himmelweiter Unterschied!

Erst gilt es, die Verunsicherungen einmal auszuhalten, mit denen jeder und jede von uns heutzutage konfrontiert wird. Das ist Zeichen einer christlichen Haltung, nicht etwa der Radikalfatalismus, der Christenmenschen ironisierend und persiflierend nachgesagt wird. Zum christlichen Glauben gehört eine klare, realistische Selbst- und Weltsicht. Und die Fähigkeit, Träume zu haben und Visionen zu entwerfen. Gott ist Mensch geworden, hat das Leiden dieser Welt geteilt. Wer an ihn glaubt, wendet sich dieser Welt uneingeschränkt zu, ohne im Vorfindlichen aufzugehen, ohne die Hoffnung auf Veränderung aufzugeben.

Es ist eine große Versuchung, weltliche Mächte und Strukturen – wie zerstörerisch sie auch sind – resignativ oder verzweifelt als unumstößlich hinzunehmen. Es ist eine noch größere Versuchung, mit dem Vorfindlichen zu paktieren. Christlich-freiheitlicher Glaube bewahrt vor Allmachtsfantasien wie vor Ohnmachtsgefühlen. Zur Hoffnung gehört das Wort Luthers: „Simul iustus et peccator". Der Mensch, gerecht und Sünder zugleich. Gerechtfertigt, bei Gott sind wir frei, Verantwortung für unser Leben, für andere zu übernehmen, frei, um unsere Hoffnung groß zu halten.

ihr Hoffnung

Es sind die hohen Ideale, die Lust und Antrieb geben, in Gottes Namen mitzuwirken, dass diese Welt und unser Leben dem Reich Gottes ein wenig ähnlicher werden. Dorothee Sölle, die unvergesslich eindrucksvolle Theologin, meinte: „Gott hat keine anderen Hände als die unseren." Zwar hoffe ich, dass Gott weit mehr Möglichkeiten hat als unsere menschlich begrenzten. Ich verstehe Dorothee Sölles Satz als eine evangelische Ermunterung, dass Gott die Welt zusammen mit uns wahrhaft menschlich gestalten will. Das ist göttlicher Zuspruch und Anspruch an uns.

Zugleich wissen wir, dass zur Verantwortung die Schuld gehört, dass wir Fehler machen und in manchem scheitern werden. Wir bleiben immer wieder hinter dem zurück, was wir uns erhofft haben. Doch das Wissen um Gaben und Grenzen ermutigt, selbstbewusst und selbstkritisch zugleich das Leben anzupacken. Es ist immer wieder notwendig, sich den eigenen Ursprung des Glaubens zu vergegenwärtigen, um nicht entwurzelt dahinzu treiben. Man muss sich auf festes Fundament stellen können. Hoffnung hat, wer aufrecht bleibt und den Himmel fest im Auge behält.

SUSANNE BREIT-KESSLER

habt!

Fürchte dich nicht,
ich bin mit dir;
weiche nicht,
denn ich bin dein Gott.
Ich stärke dich,
ich helfe dir auch,
ich halte dich durch
die rechte Hand
meiner Gerechtigkeit.

JESAJA 41,10

Hoffnung garantiert keinen guten Ausgang der Dinge. Hoffen heißt, darauf vertrauen, dass es sinnvoll ist, was wir tun.

#inWahrheit

In Wahrheit wirst du geliebt.

In Wahrheit wollen die meisten Leute nett zu dir sein.

In Wahrheit bist du schön.

In Wahrheit wollen die meisten Menschen Frieden.

In Wahrheit hast du viel, das du teilen kannst.

In Wahrheit kannst du nett zu anderen sein.

In Wahrheit kannst du vielen vertrauen.

In Wahrheit lebst du in großer Sicherheit.

In Wahrheit darfst du glücklich sein.

In Wahrheit hast du unzählig viele Brüder und Schwestern.

In Wahrheit ist Liebe das Größte.

In Wahrheit ist Gott bei dir.

In Wahrheit kannst du verzeihen.

In Wahrheit hast du Grund zur Freude.

In Wahrheit können Wunden heilen.

In Wahrheit erfährst du viel Gerechtigkeit.

In Wahrheit werden wir uns wiedersehen.

FRANK MUCHLINSKY

Meine Enkelin Ida, anderthalb, hat zu ihrer Geburt ein beliebtes schwedisches Bilderbuch geschenkt bekommen: *„Knacka på!"* *Auf Deutsch: „Klopf an!"* Knallbunte Bilder, kurze einfache Sätze. Klein-Ida liebt das Buch, genießt es, wenn ich es ihr – natürlich deutsch übertragen – vorlese. Besser gesagt, wenn wir es zusammen „lesen".

Auf der ersten Seite ein langer Weg, ein kleines Haus. Und die Frage: „Sollen wir hingehen und da grüßen?" Überlegen. Umblättern. Hingucken: eine große blaue Tür über die ganze Seite. Daneben die Aufforderung: „Ja, grüß da und klopf an!"

Ich klopfe mit dem Zeigefingerknöchel auf die blaue Papptür. Und auch Ida patscht mit ihren Fingerchen drauf. Klopf, klopf! Wieder Pause. Ida guckt mich an. Langsam umblättern. Frage: „Jemand da?" Überraschung: „Kleiner Kalle. Schlägt auf Trommel. Fällt um." Ida gluckst.

Nächste Seite: „Rote Tür! Klopf an!" Wieder klopfen – erst ich, dann Ida. Kleine Pause. Umblättern. Hingucken. „Jemand da?" Überraschung: „Sieben Kaninchen am Tisch. Essen Möhren. Essen Salat." So geht das weiter. Auf die Papptür klopfen. Zögern. Vorsichtig umblättern. „Jemand da?" Und dann hinter der grünen, gelben, weißen Tür Überraschendes entdecken: vier Affen, die wild Kissen schmeißen. Einen Zwerg, der Blumen gießt und die Katze füttert. Fünf Teddybären, die Zähne putzen und im Bett schlafen.

„Knacka på!"

Unzählig oft hat Ida dieses Buch schon angeguckt. Aber es bleibt faszinierend für sie. Ida klopft. Dann dieser kleine Moment von Nichts. Und dann die immer wieder neue Überraschung, was es zu sehen gibt …

Die letzte Tür im Buch ist wieder blau. *„Knacka på!"* Aber jetzt die Überraschung: „Niemand da!" Denn: „Wir sind wieder draußen. Mond scheint." Hinter den Türen das ganze kleine Haus durchstöbern. Viele Überraschungen erleben. Und jetzt rauslaufen, auf den weiten Weg, den ein freundlicher Mond beleuchtet. Freiheit.

Klein-Ida klettert mir vom Schoß. Schluss mit gemütlichem Vorlesen. Ich sehe ihr zu, wie sie meinen Rollstuhl inspiziert.

Am Greifring versucht zu drehen. An den Reifen herumdrückt. Wieder hochschaut. Ja, sie sieht ihre Oma meist in diesem Hilfsmittel. Denn seit zwanzig Jahren lebe ich mit Multipler Sklerose. Mit dieser unheilbaren, fortschreitenden Erkrankung des zentralen Nervensystems. Zunehmend hat die MS mir meine Gehfähigkeit gestohlen. Das macht mir was aus. Das schränkt mich ein. Das rüttelt auch an meinem Glauben.

Die jesuanische Aufforderung „Bittet, so wird euch gegeben!" bleibt mir da eher im Halse stecken. Sie klingt für mich irgendwie nach Wunschautomat. Aber dieses *„Klopfet an, so wird euch aufgetan!"*, das gefällt mir. Dem möchte ich vertrauen.

Immer wieder anklopfen. Beim widerständigen Leben. Und bei Gott. Manchmal zögerlich. Manchmal mutig. Oder auch mal energisch. Auch an verschlossenen und abweisend wirkenden Türen. Ein bisschen wie in dem Kinderbuch: Anklopfen, aber nicht dran rütteln. Stattdessen einen kleinen Moment oder auch eine lange Zeit warten. Dabei nicht frustriert nach hinten schauen, sondern mutig nach vorne. Und dann „umblättern".

Die Stimmung umschlagen lassen vom schwarzseherischen „Wird ja doch alles schlimmer!" aufs zuversichtliche „Ich lasse mich überraschen!". Hoffnungsvoll fragen: „Jemand da? Für mich da?" Und dann Augen auf – und staunen: Tatsächlich! Türen öffnen sich! Und auf der nächsten Lebensseite gibt's ganz viel Schönes zu entdecken: statt grauer Langeweile bunten Lebensrhythmus. Statt stummer Einsamkeit fröhliche Tischgemeinschaft. Statt lähmender Behinderung verrückte Abenteuer. Statt bedrohlicher Krankheits-Riesen einen sorgenden Hilfe-Zwerg. Statt nächtlichem Grübeln behüteten Schlaf. Und immer wieder Freiheit, denn der Weg geht weiter. Trotz allem.

„Klopfet an, so wird auch aufgetan!"
Kindliche Zuversicht. Auch für mich.

ANDREA SCHNEIDER

» *Jeder Mensch,*
auch der Geringste,
ist so in Gottes Hand,
als wäre er
seine einzige Sorge. «

HEDI EICHELMANN,
Würselen

Großmut

An jenem Tag, an dem ich beschließe, großmütig zu sein, lasse ich den Regen plätschern und dem Leben seinen Lauf. Ich verschenke ein Buch, kaufe eine krumme Gurke, lasse eine Meinung gelten und schicke eine Beschwerde ins Leere. Der Welt traue ich etwas zu. Ich verteile zweite Chancen, ohne mich um das Ergebnis zu sorgen. Die Kollegin lasse ich schmatzen und das Internet trödeln. Ich nehme nichts persönlich. Gott eifere ich nach, ohne besser sein zu wollen. Ich unterstelle ein paar gute Absichten, lasse jemandem die Vorfahrt und sehe über eine Verspätung hinweg. Das Glas betrachte ich als halbvoll und meine Figur als bestmöglich. Dass morgen auch noch ein Tag ist, begrüße ich. Ich werfe den Müll weg, den ich nicht verursacht habe, und helfe, ohne Dank zu erwarten. Dem Ehrgeiz gebe ich frei. Ich fasse mir ein Herz und nehme den Himmel auch in Mittelblau.

Verzichte auf dein Recht. Lass den Schnecken einen Kohl. Runde auf. Den Kleinkrämern schenk einen Cent. Die Großmäuler füttere mit Marshmallows. Gib jemandem den Vortritt. Liebe ohne Vorschuss. Verschenk den letzten Riegel Schokolade. Denk in Alternativen. Umwege führen manchmal zu ungeahnten Orten.

SUSANNE NIEMEYER

Denn Gott hat uns
nicht gegeben den Geist der Furcht,
sondern der Kraft und
der Liebe und der Besonnenheit.

2. TIMOTHEUS 1,7

Es kommt, wie es kommt

Schon als Siebzehnjähriger hat er davon geträumt.

Er kam an der Stelle mit seinem Mountainbike vorbei. Eine Kapelle auf halber Höhe mit einem Vorplatz, von dem aus man weit über den See ins Land hineinschauen kann. „Hier will ich einmal heiraten", war seitdem sein Herzenswunsch. Er hat ihn verwirklicht, und es kam ganz anders.

Am Hochzeitstag regnete es. Nicht nur ein bisschen, sondern wie aus Kübeln. Die Hochzeitsgäste in ihren Festkleidern wurden klatschnass und kamen triefend bei der Kapelle an. Kein Ausblick vom Vorplatz, dafür eine verschwommene Traugemeinde in der kleinen Kirche. Nasse Haare, aufgelöste Frisuren, zerflossenes Makeup.

So ein Pech – der Teenager-Traum dahin! Hätte man denken können. Stattdessen: Heiterkeit in der Luft. Braut und Bräutigam zwar begossen, doch höchst vergnügt und ihre Gäste mit ihnen. Es war, als hätten alle beschlossen, nichts schade zu finden, sondern alles so zu nehmen, wie es ist, und das Beste daraus zu machen.

„Wir wissen aber, dass denen, die Gott lieben, alle Dinge zum Besten dienen." Natürlich fällt es an Hochzeiten leichter, daran zu glauben – und erst recht, wenn es nur um Regen geht. Man kann noch ganz anders ins Schwimmen geraten und vom Leben untergetaucht werden. Trotzdem kann ich hoffen, dass mir alles zum Besten dient. Hoffnung ist nicht das Wunschdenken, dass immer alles so wird, wie ich es will. Hoffnung ist immer ungewiss. Sie hat keine Beweise, und sie gibt keine Garantien. Hoffnung ist das Vertrauen, dass ich die Kraft bekomme, annehmen zu können, wie es kommt, und dass alles am Ende zum Besten dient.

MARTIN VORLÄNDER

» *Humor ist **der Regenschirm** der Weisen.* «

B. HAMBERGER, *Neuenstadt-Stein*

Sie stirbt zuletzt

Die Hoffnung soll immer zuletzt sterben. Egal, ob Flutkatastrophe oder Lottogewinn, Hirntumor oder Liebeskummer. Immer muss sie ausharren bis zum bitteren Ende. Egal, wie hoch die Chancen stehen. Das arme Ding.

Ich stelle mir vor, dass sie hier und da gern sagen würde: „Leute, es tut mir leid. Nehmt's mir nicht übel, aber hier kann ich wirklich nichts mehr ausrichten. Lena wird Holger nicht küssen, auch in hundert Jahren nicht. Nicht jeder Lahme wird gehen können. Sorry." Sie meint das nicht böse, sie traut sich nur, der Realität ins Auge zu sehen. Und deren Augenfarbe ist manchmal eben nicht rosa. Sie würde dann gern weitergehen.

Weil sie sieht, was nach der Katastrophe kommt. Denn ein „Danach" gibt es immer. Darin ist die Hoffnung eine Meisterin. Egal, ob Himmel oder Holger, sie ist schon zwei Schritte voraus. Unsereins kann sie da schnell mal aus dem Blick verlieren. Aber das macht nichts. An der nächsten Ecke wartet sie geduldig, bis man wieder aufgeholt hat, und dann führt sie einen in ein Land, das man sich nicht hätte träumen lassen.

Die Hoffnung hat ihre Augen überall, am liebsten aber in der Zukunft. Und da gibt es immer irgendetwas Rosiges. Auch, wenn man selber noch schwarzsieht.

SUSANNE NIEMEYER

91

Mit Gott **ins Bett**

Abendgebete für jeden Tag der Woche

Schau beim Zähneputzen in den Spiegel.
Genau so hat Gott dich gemacht.
Putze fröhlich weiter!
Schlaf gut!

Leg dich auf den Rücken
und schau an die Decke.
Weit darüber ist der Himmel.
Und Gott ist hier bei dir.
Schlaf gut!

Was dich heute beschäftigt hat:
Leg es ab!
Gott wird es gut verwahren.
Schlaf gut!

Leg dir eine Hand auf dein Herz.
Dein Herz schlägt.
Fühle und danke Gott.
Schlaf gut!

Setz dich auf dein Bett und
finde irgendetwas, für das du Gott
heute danken kannst.
Leg dich erst hin, wenn du
etwas gefunden hast.
Schlaf gut!

Setz dich aufrecht an deine Bettkante.
Bete das Vaterunser. Das tun gerade
Tausende andere auch.
Danke Gott für diese Gemeinschaft.
Schlaf gut!

Zieh dir die Decke über den Kopf.
Sei einen Moment lang ganz still.
Lächle und lass dich finden von Gott!
Schlaf gut!

FRANK MUCHLINSKY

Ja, ich sage es noch einmal:
Sei mutig und entschlossen!

Lass dich nicht einschüchtern
und hab keine Angst!

Denn ich, der Herr, dein Gott,
stehe dir bei, wohin du auch gehst.

JOSUA 1,9

*Zuver**sicht** streuen*

„Ist das ein Aprilscherz?" Meine Freundin hat mir ein Glas mitgebracht mit der Aufschrift „Zuversichtsstreuer". Es sieht aus wie ein leerer Salzstreuer mit Deckel. In der Küche habe ich so was für Salz und Pfeffer. Aber aus diesem Teil soll nicht Würze für die Küche herauskommen, sondern Würze für das Leben.

„Nein, ich will dich nicht veräppeln", sagt sie. Einfach über den Kopf streuen. „Die Idee habe ich in einem Ratgeber entdeckt. Unter der Überschrift ,Raus aus der Frühlingsdepression' stand der Tipp: ,Kaufen Sie sich einen großen Salzstreuer.

Auf den kleben Sie ein selbstgemaltes Schild mit der Aufschrift Zuversicht. Wann immer Sie niedergeschlagen sind oder im Selbstzweifel feststecken, streuen Sie sich etwas Zuversicht auf den Kopf.'"

„Ob du es glaubst oder nicht. Es wirkt. Ich habe es ausprobiert! Meine Schwester hat den Salzstreuer gesehen und gesagt: ,Da ist doch gar nichts drin!' ,Doch', habe ich gesagt. ,Da ist ganz viel Zuversicht und Gottvertrauen drin. Du hast den Deckel nur nicht aufgemacht!'"

Wir haben an dem Nachmittag viel miteinander gelacht und überlegt: Warum funktioniert das? Vielleicht hat es damit zu tun, dass wir Menschen Sinnes-Wesen sind.

Über unsere Sinne und über unser Tun nehmen wir viel mehr auf als über unser Denken. Und manchmal müssen wir mit dem Körper etwas tun, um uns an das zu erinnern, was unser Kopf schon längst weiß, aber immer wieder vergisst. Zum Beispiel: Es ist alles da, du musst nur den Deckel aufmachen.

Zuversicht hat in der Bibel einen Namen. In den Psalmen heißt es: *„Gott ist unsere Zuversicht und Stärke"* (PSALM 46,2). Oder an anderer Stelle: *„Gott ist meine Zuversicht, hofft auf ihn, schüttet euer Herz vor ihm aus"* (PSALM 61,8).

In dem Begriff Zuversicht steckt das Wort „Sicht". Zuversicht verschafft mir eine andere Sicht. Gibt eine neue Perspektive. Und wenn es nur die ist: Es kommen auch wieder andere Zeiten! Geh einen Schritt zur Seite. Nimm nicht alles zu ernst. Schau dich an mit einem humorvollen Blick.

Natürlich gibt es Situationen, die sind alles andere als spaßig. Gerade jetzt, wo wir nicht wissen, wie es weiter geht. Wo viele verunsichert sind und Angst haben. Wo ich nur darauf vertrauen kann, dass Zuversicht anderswo herkommt.

Wenn ich den Deckel aufmache, kann ich auch etwas einfüllen. Meine Zuversicht aufladen. Zum Beispiel mit den Bildern von Balkonkonzerten in Italien aus den Nachrichten. Wo Nachbarn und Nachbarinnen sich von Fenster zu Fenster zusingen. Wo sie Bettlaken raushängen mit der Aufschrift: „andratuttobene – alles wird gut".

Deckel auf – und speichern. Ein liebes Wort, das Lachen eines Kindes, ein nettes Kompliment. Den Aprilscherz, auf den ich selber reingefallen bin … Speichern, mitnehmen und ausstreuen – für mich selber und für andere.

ANDREA WÖLLENSTEIN

95

Fürchte dich nicht,
denn ich bin mit dir und
will dich segnen.

1. MOSE 26,24b

„Warum warst du nicht da, als ich dich wirklich brauchte?",
rufe ich und bin wütend, richtig wütend.

„War ich", sagt der Engel. Ich finde, er klingt trotzig.
Was nützt ein Engel, wenn ich ihn nicht erkenne?

„Du solltest nicht nach einem Engel Ausschau halten,
wenn du nach einem Engel Ausschau hältst."

Ich frage ihn, wonach dann. Er zuckt mit den Schultern.
„Du könntest mich in jedem vermuten."
Er macht eine Pause, als warte er, dass sich der Gedanke in mir setzt.
„Das würde alles verändern."

SUSANNE NIEMEYER

97

Wirf dein Herz
mit seinen Sorgen Gott
auf seinen Rücken,
denn er hat
einen starken Hals und Schultern,
dass er es wohl tragen kann.

MARTIN LUTHER

99

Alles hat **seine Zeit**

Ein jegliches hat seine Zeit,
und alles Vorhaben unter dem Himmel
hat seine Stunde:

Geboren werden hat seine Zeit, sterben hat seine Zeit;
pflanzen hat seine Zeit, ausreißen, was gepflanzt ist, hat seine Zeit;
töten hat seine Zeit, heilen hat seine Zeit;
abbrechen hat seine Zeit, bauen hat seine Zeit;
weinen hat seine Zeit, lachen hat seine Zeit;
klagen hat seine Zeit, tanzen hat seine Zeit;
Steine wegwerfen hat seine Zeit, Steine sammeln hat seine Zeit;
herzen hat seine Zeit, aufhören zu herzen hat seine Zeit;
suchen hat seine Zeit, verlieren hat seine Zeit;
behalten hat seine Zeit, wegwerfen hat seine Zeit;
zerreißen hat seine Zeit, zunähen hat seine Zeit;
schweigen hat seine Zeit, reden hat seine Zeit;
lieben hat seine Zeit, hassen hat seine Zeit;
Streit hat seine Zeit, Friede hat seine Zeit.

PREDIGER SALOMO 3,1–8

Das **müde** Glück

Nein, Nein, Herr Gottlieb hat heute keinen guten Tag, und so geht es beim Frühstück gleich weiter: „Wie kommt man nur auf die Idee, Kondensmilch zu erschaffen, frage ich mich", fragt er sich und klopft sich mit den Fingerspitzen auf die eigene Stirn, um das Wort „stirnverbrannt" dazustellen. „Kein Mensch mag Kondensmilch. Oder Schlaflosigkeit! Pferdefliegen! Und ein Knie kann man heute auch schon besser konstruieren."

„Aber der Schluckauf ist gut gelungen", mischt sich Viola ein, „und die Seifenblase ..."

„... und das manche Gedichte aufsagen und einen Fallrückzieher machen können", ergänzt Margarete. „Wer hätte das dem Lehmkloß Mensch am Anfang zugetraut!" „Und den Weltkrieg, die Windpocken, die Brennnessel, die Blauen Briefe, Staus? Die sind schon wieder vergessen, was? Da haben die Herren Damen mal wieder keinen Gedanken drauf verwendet!"

Guter Gott

„Du bist so hart, Gottlieb", sagt die Frau, die ihn geheiratet hat. „Du solltest mal deine weibliche Seite entdecken."

„Dafür hab ich meine bessere Hälfte", sagt Herr Gottlieb, nimmt die Wange seiner Frau zwischen Daumen und Zeigefinger, schlenkert sie hin und her, dass ihr Gesicht aussieht wie beim Zahnarzt.

„Vorhin hast du mich Fette Henne genannt", klagt Margarete, als ihre Backe wieder frei ist. Doch das ist auch schon ihr ganzer Protest. Herr Gottlieb aber stolziert hinaus in den Garten mit der Hoheit eines Mannes, der schon als Kind von Beruf Alleinherrscher werden wollte. In der Einfahrt vor seinem Garten stand ein Dromedar.

„Guter Gott, ein Kamel!", rief Herr Gottlieb. „Das frisst mir noch die Margerite ab!"

„Zwei Höcker, eine Seele, / so schuf der Herrgott die Kamele. / Die Hälfte nur von einem Paar / gab er dem braven Dromedar", sagte strahlend Herr Hopp, der das Tier an einem Strick hielt. „Keine Sorge, es beißt nicht."

„Fressen tut es aber schon", meinte Herr Gottlieb.

„Keine Schnittblumen", schwindelte Herr Hopp. Dromedare fressen sogar stachelige, bittere und salzige Pflanzen. Aber da es sich bei Herrn Hopp um einen aller Welt wohlgesonnenen Menschen handelte, betonte er auch an Gerda, seinem Dromedar, vor allem das Gute, und da Gerda ihn ihrerseits nicht enttäuschen wollte, rührte sie keine Schnittblumen an.

„Und?", fragte Herr Gottlieb, „alles im Lack?"

„Und selbst?"

„Kann nicht klagen."

„Wollen täten Sie aber schon, was?", flaxte Herr Hopp.

Man sieht, die beiden begegneten sich nicht zum ersten Mal. Um genau zu sein, sie begegneten sich jeden Morgen, wenn Herr Gottlieb seine Laune nacheinander an seiner Frau, den Blumen, der Tochter, dem Wetter oder der Luft ausließ, während Herr Hopp seine Tiere ausführte und sich des Lebens freute. Warum hätte er sich auch nicht freuen sollen, war er doch ein glücklicher Mann, nicht jung, nicht alt, nicht arm, nicht reich, nicht klug, nicht einfältig. Einfach ein gesunder, feiner Kerl mit guten Absichten, einer, wie man ihn gern zum Freund hat. Dem leiht man auch mal sein Auto für eine Spritztour. So einer.

Warum Herr Hopp am frühen Morgen ein Dromedar spazieren führt? Warum nicht? Wer hätte nicht mal Lust darauf? Aber die meisten Menschen sterben, liegen da und denken: Nicht ein einziges Dromedar hab ich in meinem Leben ausgeführt. Das hätte mir auch früher einfallen können. Aber dann ist es zu spät. Vielleicht sagen sie aber auch: Ich bin zu wenig Riesenrad gefahren, zu selten durch Laubhaufen gelaufen.

Herr Hopp

Herr Hopp lebt jedenfalls für solche Menschen, und er lebt nicht schlecht. Denn immerhin gibt es nicht wenige, denen es nicht reicht, abwechselnd zur Arbeit, ins Bett, zur Bank und in Ferien zu gehen, und wenn sie damit durch sind, fangen sie von vorne wieder an. Nein, solche Leute haben vielleicht plötzlich Lust auf den Anblick eines Dromedars, das knien, oder auf einen Schimpansen, der Karten spielen kann, oder auf eine Dressurreiterin, die im rosa Röckchen auf dem Rücken des Pferdes steht und mit vollen Händen Küsse in die Menge wirft, und das mit einem Lächeln, schön wie eine Fensterscheibe voll Eisblumen. Ja, wenn dies alles eine Pizza wäre, man könnte es sich kommen lassen. Aber ein Dromedar?

Für diejenigen unter uns, die so etwas gut leiden können, hat Herr Hopp am Rande des Städtchens eine Manege aufgebaut, „Hopps Welt", einen Zirkus, der nicht wanderte, sondern blieb, eine Welt für sich, mit ein paar Tieren, drei Artisten, einem Clown, drei Tierpflegern und einem Papagei, der Dinge sagen konnte wie „Prost Gemeinde, der Vorstand ist besoffen!"

„Wie laufen die Geschäfte?", wollte Herr Gottlieb wissen.

„Große Geschäfte, kleine Geschäfte / nichts geht über meine Kräfte", reimte Herr Hopp, und sein grimmiger Nachbar schüttelte den Kopf: „Schon am frühen Morgen einen Clown gefrühstückt, was? Ihnen wird die gute Laune auch noch vergehen."

„Wenn es so weit ist, sage ich ihr, sie soll doch auf Sie überspringen. Bis dahin würde ich sie gerne behalten. Auch ist sie mir treu wie meine Frau."

Da schüttelte Herr Gottlieb den Kopf und sagte: „Da kann ich nur den Kopf schütteln. Eines Tages werden Sie auch noch auf dem Boden der Tatsachen landen."

„Ich liebe Tatsachen", rief Herr Hopp. „Da habe ich immer etwas, was ich verdrehen kann. Sie glauben, eine Affe kann nicht Tango tanzen? Bei mir schon. Ein Goldfisch kann kein Vaterunser beten? Reingelegt, das kann er auch bei mir nicht! Kommen Sie doch einfach mal gemeinsam mit Ihrer Tochter in die Vorstellung. Sie werden sehen, von der guten Laune ist auch für Sie noch was da."

ROGER WILLEMSEN

nacht

106

gebet *zur nacht*

in dieser nacht
möge gott mich behüten
meine träume segnen
damit die anstehenden aufgaben
mir den schlaf nicht rauben

den nachtschwestern
und nachtwächtern
in stadt und land
gebe gott einen hellwachen geist
wenn sie für uns
wachen und beten
helfen und handeln

unserer schlaflosigkeit
stelle der ewig wachende
seine engel zur seite
damit einsame wege
in dunklen nächten
nicht zu schwer werden

der himmlische vater
gewähre allen
die ruhe der nacht
als quelle nie versiegender kraft
für die herausforderungen
des nächsten tages
nicht mehr
und nicht weniger
gilt es zu überstehen

SIEGFRIED ECKERT

107

» *Warum soll ich mir Sorgen machen?*
Es ist nicht meine Angelegenheit,
an mich zu denken.

Meine Angelegenheit ist es,
an Gott zu denken. Es ist Gottes Sache,
an mich zu denken. «

SIMONE WEIL
(eingesandt von Birgitta Siebold,
Schopfheim)

Schwestern

Frau Angst und Frau Vertrauen sind Schwestern.

Bleib, ruft Frau Angst.

Geh, ruft Frau Vertrauen.

Ich beschütze dich, verspricht Frau Angst.

Ich lasse dich, verspricht Frau Vertrauen.

Bei mir bist du in Sicherheit, verspricht Frau Angst.

Bei mir bist du in Erwartung, verspricht Frau Vertrauen.

Ich bin, sagt Frau Angst.

Ich werde, sagt Frau Vertrauen.

SUSANNE NIEMEYER

Stand*ort*

INHALT

113

VERZEICHNIS
DER AUTORINNEN UND AUTOREN

CHRISTIANE BIRGDEN,
Gemeindepfarrerin in Hürth.

SUSANNE BREIT-KESSLER,
bis 2019 Regionalbischöfin, ständige Vertreterin des Landes-
bischofs und Oberkirchenrätin im Kirchenkreis München und
Oberbayern.

SIEGFRIED ECKERT,
Gemeindepfarrer in Bonn und Autor zahlreicher Bücher.

GERD-MATTHIAS HOEFFCHEN,
Chefredakteur der evangelischen Wochenzeitung
„Unsere Kirche".

MATTHIAS LEMME,
Pastor in Hamburg-Ottensen und Autor.

CHRISTINE LUNGERSHAUSEN,
Pfarrerin im Vikariat in der Evangelischen Kirche von Hessen
und Nassau.

ANDREAS MALESSA,
Theologe, Journalist und freier Autor (www.andreas-malessa.de).

FRANK MUCHLINSKY,
Redakteur beim Online-Portal evangelisch.de im
Gemeinschaftswerk Evangelischer Publizistik.

SUSANNE NIEMEYER,
freie Autorin und Bloggerin (www.freudenwort.de).

LISA RIENERMANN,
Grafikerin, Fotografin, Illustratorin und Autorin,
u.a. für chrismon.

ANDREA SCHNEIDER,
Pastorin und Rundfunkbeauftragte der Evangelischen
Freikirchen.

RAMÓN SELIGER,
Pfarrer an der Stadtkirche St. Peter und Paul (Herderkirche)
Weimar und Pfarrer der OnlineKirche der Ev. Kirche in
Mitteldeutschland (www.onlinekirche.net).

CHRISTIANE THIEL,
Hochschul- und Studierendenpfarrerin in Halle/Saale.

MARTIN VORLÄNDER,
theologischer Redakteur im Medienhaus der Evangelischen
Kirche Hessen und Nassau.

BURKHARD WEITZ,
Pfarrer und Journalist, als chrismon-Redakteur verantwortlich
für die Aboausgabe chrismon plus.

ROGER WILLEMSEN (1955–2016),
Publizist, Fernsehmoderator, Filmproduzent und Autor
zahlreicher Bücher.

ANDREA WÖLLENSTEIN,
Pfarrerin im Referat Erwachsenenbildung der Evangelischen
Kirche von Kurhessen-Waldeck, Marburg.

NACHWEIS
DER ABDRUCKRECHTE

Seite 6
Susanne Niemeyer, aus: Susanne
Breit-Keßler (Hrsg.): Großes Herz!
Sieben Wochen ohne Enge,
S. 23–24, edition chrismon 2015

Seite 9
Christine Lungershausen, aus:
Fabian Vogt/Christine Lungers-
hausen/Sandra Matz: Segen.
Eine kleine Gebrauchsanweisung,
S. 76–77, edition chrismon 2017

Seite 13
Susanne Niemeyer, aus: Dies.:
Fliegen lernen. Engelsgeschichten
aus der Bibel, S. 34, edition
chrismon 2018

Seite 16
Burkhard Weitz/Lisa Rienermann,
https://chrismon.evangelisch.de/
artikel/2020/48085/ueber-die-
gnade-des-glaubens-und-der-
zuversicht, abgerufen am
22.4.2020

Seite 19
Siegfried Eckert, aus: Ders.:
neulich küsste ich gott.
berührende gebete, S. 7,
edition chrismon 2017

Seite 21
Christiane Thiel, aus: Dies.:
Große Fragen. Kleine Antworten,
Frage 15, edition chrismon 2017

Seite 22
Susanne Niemeyer, aus: Lichtblick.
Ein Blog von Susanne Niemeyer
auf chrismonshop.de, abgerufen
am 24.4.2020

Seite 23
Andreas Malessa, aus: Susanne
Breit-Keßler (Hrsg.): Zuversicht!
Sieben Wochen ohne Pessimismus,
S. 54–56, edition chrismon 2019

Seite 32
Susanne Niemeyer, aus: Dies.:
Fliegen lernen. Engelsgeschichten
aus der Bibel, S. 16–20,
edition chrismon 2018

Seite 36
Siegfried Eckert, aus: Ders.: neulich
küsste ich gott. berührende
gebete, S. 61, edition chrismon 2017

Seite 38
Matthias Lemme, aus: Matthias
Lemme/Susanne Niemeyer:
Luft nach oben. Der Sonntags-
kalender 2021, 21. Februar,
edition chrismon 2020

Seite 39
Aus Ägypten, aus: Fabian Vogt/
Christine Lungershausen/
Sandra Matz: Segen. Eine kleine
Gebrauchsanweisung, S. 28,
edition chrismon 2017

Seite 40
EG 369,7

Seite 41
Susanne Niemeyer, aus: Lichtblick.
Ein Blog von Susanne Niemeyer
auf chrismonshop.de, abgerufen
am 22.4.2020

Seite 42
Ramón Seliger, aus: Susanne
Breit-Keßler (Hrsg.): Zuversicht!
Sieben Wochen ohne Pessimismus,
S. 71–72, edition chrismon 2019

Seite 52
Christiane Thiel, aus: Dies.: Große
Fragen. Kleine Antworten, Frage 27,
edition chrismon 2017

Seite 53
Siegfried Eckert, aus: Ders.:
neulich küsste ich gott.
berührende gebete, S. 108,
edition chrismon 2017

Seite 55
Susanne Niemeyer, aus: Matthias
Lemme/Susanne Niemeyer:
Luft nach oben. Der Sonntags-
kalender 2021, 21. November,
edition chrismon 2020

Seite 56
Christiane Birgden, aus: Susanne
Breit-Keßler (Hrsg.): Zuversicht!
Sieben Wochen ohne Pessimismus,
S. 73–74, edition chrismon 2019

Seite 59
Susanne Niemeyer, aus: Lichtblick.
Ein Blog von Susanne Niemeyer
auf chrismonshop.de, abgerufen
am 22.4.2020

Seite 60
Siegfried Eckert, aus: Ders.:
neulich küsste ich gott.
berührende gebete, S. 38,
edition chrismon 2017

Seite 62
Susanne Niemeyer, aus: Lichtblick.
Ein Blog von Susanne Niemeyer
auf chrismonshop.de, abgerufen
am 22.4.2020

Seite 63
Altirischer Segenswunsch, aus:
Fabian Vogt/Christine Lungers-
hausen/Sandra Matz: Segen.
Eine kleine Gebrauchsanweisung,
S. 58, edition chrismon 2017

Seite 64
Gerd-Matthias Hoeffchen, aus:
Susanne Breit-Keßler (Hrsg.):
Zuversicht! Sieben Wochen ohne
Pessimismus, S. 51–53, edition
chrismon 2019

Seite 67
Matthias Lemme, aus: Matthias
Lemme/Susanne Niemeyer:
Luft nach oben. Der Sonntags-
kalender 2021, 16. Mai,
edition chrismon 2020

Seite 68
Andreas Malessa, aus: Susanne
Breit-Keßler (Hrsg.): Zuversicht!
Sieben Wochen ohne Pessimismus,
S. 162–164, edition chrismon 2019

Seite 72
Susanne Niemeyer, aus: Lichtblick.
Ein Blog von Susanne Niemeyer
auf chrismonshop.de, abgerufen
am 22.4.2020

Seite 73
EG 361,1

Seite 80
Frank Muchlinksy, #inWahrheit,
https://www.evangelisch.de/
videos/155450/14-03-2019/die-gute-
wahrheit-entdecken-inwahrheit,
abgerufen am 23.4.2020

Seite 81
Andrea Schneider, aus: Susanne
Breit-Keßler (Hrsg.): Zuversicht!
Sieben Wochen ohne Pessimismus,
S. 126–129, edition chrismon 2019

Seite 85
Susanne Niemeyer, aus: Susanne
Breit-Keßler (Hrsg.): Großes Herz!
Sieben Wochen ohne Enge,
S. 130–131, edition chrismon 2015

Seite 87
Martin Vorländer, aus: Susanne
Breit-Keßler (Hrsg.): Zuversicht!
Sieben Wochen ohne Pessimismus,
S. 160–161, edition chrismon 2019

Seite 90
Susanne Niemeyer, aus: Susanne Breit-Keßler (Hrsg.): Zeig dich! Sieben Wochen ohne Kneifen, S. 103–104, edition chrismon 2017

Seite 92
Frank Muchlinsky, aus: Im Bett mit Gott, www.evangelisch.de

Seite 93
Nach der Bibelübersetzung „Hoffnung für alle", https://www.bibleserver.com, abgerufen am 22.4.2020

Seite 94
Andrea Wöllenstein, aus: Kirche im hr, hr2 Zuspruch, https://www.kirche-im-hr.de/sendungen/01-zuversicht-streuen/, abgerufen am 6.5.2020

Seite 97
Susanne Niemeyer, aus: Dies.: Fliegen lernen. Engelsgeschichten aus der Bibel, S. 113, edition chrismon 2018

Seite 101
Roger Willemsen, aus: Das müde Glück. Roger Willemsen erzählt eine Geschichte von Hiob, in: Auf der Arche ist der Jaguar Vegetarier und andere biblische Geschichten, S. 112–115, edition chrismon 2015

Seite 107
Siegfried Eckert, aus: Ders.: neulich küsste ich gott. berührende gebete, S. 12, edition chrismon 2017

Seite 109
Susanne Niemeyer, aus: https://www.freudenwort.de/engelimbiss/, abgerufen am 11.5.2020

Seiten 14, 30, 44, 79 und 99
aus dem Fastenkalender „7 Wochen ohne". Die Fastenaktion der evangelischen Kirche 2020

Seiten 37, 46, 61, 71, 84, 89 und 108
Zuversichtssätze von Teilnehmenden der Mitmachaktion zur Fastenaktion „Zuversicht! Sieben Wochen ohne Pessimismus" 2020, https://7wochenohne.evangelisch.de/node/1483, abgerufen am 6.5.2020

Die übrigen Bibelzitate wurden abgedruckt nach der Lutherbibel, revidiert 2017, © 2016 Deutsche Bibelgesellschaft, Stuttgart

BILDNACHWEIS

IMPRESSUM

Bibliografische Information der Deutschen Nationalbibliothek:
Die Deutsche Nationalbibliothek verzeichnet diese Publikation in der
Deutschen Nationalbibliografie; detaillierte bibliografische Daten
sind im Internet über http://dnb.d-nb.de abrufbar.

3. Auflage 2021
© 2020 by edition chrismon in der Evangelischen Verlagsanstalt GmbH · Leipzig
und Deutsche Bibelgesellschaft · Stuttgart
Printed in EU

Das Buch wurde auf alterungsbeständigem Papier gedruckt.

Gestaltung: Anja Haß, Leipzig
Bildredaktion: Lena Uphoff, Frankfurt
Druck und Bindung: Czech News Center a.s.

ISBN 978-3-96038-270-6   ISBN 978-3-438-06278-9
www.eva-leipzig.de   www.die-bibel.de